车吉心/著

·文学·

2

山东教育出版社
SHANDONG EDUCATION PRESS

蒲松龄
Pu Songling

　　蒲松龄（1640~1715），字留仙，一字剑臣，别号柳泉居士，世称聊斋先生，自称异史氏。山东淄川（今山东省淄博市淄川区）人。清代文学家、短篇小说家。

　　蒲松龄出身书香门第，19岁初应童子试，接连考取县、府、道三个第一，取中秀才，名震一时。以后屡试不第，直至71岁时才补为贡生。为生活所迫，他除了应同邑人宝应县知县孙蕙之请，为其做幕宾数年之外，主要是在本县西铺村毕际友家做塾师，舌耕笔耘近四十年，直至年近七十方撤帐归家。1715年正月病逝，享年76岁。

　　他用毕生精力完成《聊斋志异》8卷、491篇，约四十余万字。内容丰富多彩，被誉为我国古代文言短篇小说中成就最高的作品集。除《聊斋志异》外，还有大量诗文、戏剧、俚曲以及有关农业、医药方面的著述存世。计有文四百余篇，文集13卷；诗一千余首，诗集6卷；词一百余首，词集1卷；戏本3出（考词九转货郎儿、钟妹庆寿、闹馆）；俚曲14种，以及《农桑经》《日用俗字》《省身语录》《药崇书》《伤寒药性赋》《草木传》等多种杂著，总近二百万言。

位于山东省淄博市淄川区洪山镇蒲家庄的蒲松龄故居

文学 Literature 蒲松龄 Pu Songling

文学 Literature 蒲松龄 Pu Songling

文学 Literature | 蒲松龄 Pu Songling

文学 Literature | 蒲松龄 Pu Songling

文学 Literature 蒲松龄 Pu Songling

文学 Literature   蒲松龄 Pu Songling

文学 Literature | 蒲松龄 Pu Songling

文学 Literature 蒲松龄 Pu Songling

文学 Literature 蒲松龄 Pu Songling

位于山东省淄博市周村区王村镇西铺村的蒲松龄书馆

文学 Literature　　蒲松龄 Pu Songling

文学 Literature   蒲松龄 Pu Songling

陈宗石
Chen Zongshi

陈宗石（1644~1720），字子万。原籍江苏宜兴（今江苏省宜兴市）。清代诗人。

陈宗石是明末文学家陈贞慧第四子。清顺治二年（1645），两岁的陈宗石与侯方域三岁女儿订亲。顺治十四年（1657），14岁的陈宗石在其兄维崧的陪同下赴商丘侯府投亲，后入赘于侯府东园，遂为商丘人。陈宗石曾拜雪苑六子之一的徐邻唐为师，后中康熙年间进士。宗石尚气任侠，因平三藩运饷有功，擢安平（今属河北）知县。陈宗石曾主修《安平县志》，后擢户部主事，逾年告归乡里，卒年77岁。陈宗石与其兄陈维崧才名相当，游太学时公卿多折节与之交。著有《疆善堂臆说》。

陈宗石有二子：陈履中、陈履平，弟兄俩都是御史。陈宗石之孙陈濂，曾孙陈杲、陈崇本，玄孙陈焯，来孙陈坛，祖孙四代出了五翰林，一脉相承，四世词馆，实属罕见。

位于河南省商丘市小隅首东二街的陈宗石故居

王苹
Wang Ping

　　王苹（1661~1720），字秋史，号蓼谷山人，自称七十二泉主人。祖籍临山卫（今属浙江省），后迁居历城（今山东省济南市）。清代诗人。

　　王苹年轻时性情狂放，酷爱诗歌，"人以狂士目之"。少年时曾至山西，中进士前后两度至江浙，游览祖国名山大川，创作了大量诗篇。康熙四十五年（1706年）中进士，被授任知县。王苹为人至孝，因母亲年老不愿远行，遂改任成山卫（今属山东荣成）教授（明、清州县学官名，掌管学校课试，传授学业）。此间讲习诗文，与诸生研讨学问，赢得学生们的敬爱。因成山卫僻处海隅，不便奉养老母，一年后弃官还乡。在趵突泉西元代万竹园旧址结庐潜居，专注于诗文写作。因其庐舍筑于名列济南七十二名泉之二十四位的望水泉之上，故将所居称之为"二十四泉草堂"。一生赋诗三千多首，传世诗集有《二十四泉草堂集》，其中收诗一千多首。其文集乾隆年间由胡德琳删订后，称《蓼村集》。

文学 Literature　　　王苹 Wang Ping

位于山东省济南市趵突泉公园内的王苹故居

文学 Literature 王苹 Wang Ping

文学 Literature　　　王苹 Wang Ping

赵执信
Zhao Zhixin

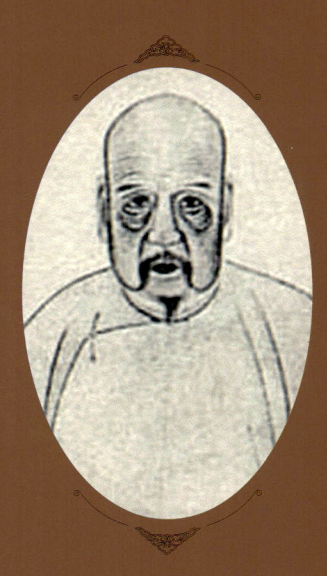

　　赵执信（1662~1744），字伸符，号秋谷，晚号饴山老人、知如老人。青州府益都县颜神镇人，其家乡后于雍正十二年（1734）改为博山县，系今山东省淄博市博山区。清代诗人、诗论家、书法家。

　　赵执信童年就表现出了过人的天才。9岁时写的文章，就"以奇语惊其长老"。14岁考中秀才，17岁中山东乡试第二名举人。18岁中会试第六名，殿试二甲进士，选翰林院庶吉士，散馆授编修。23岁就担任了山西乡试正考官，乡试完毕后便道回归故里，期间，他创作的诗有44首，收入《并门集》，其中七言古诗《道傍碑》是赵执信初期的优秀作品。25岁升右春坊右赞善兼翰林院检讨，同时还任《明史》纂修官，参与修《大清会典》。康熙二十四年（1685）至二十八年（1689），创作的诗集定名为《闲斋集》，搜集诗歌有46首。康熙二十八年，发生了"《长生殿》剧祸案"。赵执信成为被排陷的主要对象。削职还乡，开始漫游，期间，除断续家居外，大部分时间浪迹江湖。他东至黄海，西到嵩山，南到广州，北至天津。游历的地区除山东外，有河北、河南、江苏、浙江、江西、广东。特别是以苏州为中心的江南地区，他前后去过五次。雍正三年（1725），63岁的赵执信结束了他的漫游生活。返回故里。次年，退居因园。雍正十一年（1733）冬，赵执信病目致盲，目盲以后，诗歌创作仍然不断，到其诗歌、文章全是口述其子，然后再由其子执笔记录，乾隆九年（1744）十一月，卒于故里。时年83岁。

位于山东省淄博市博山区秋谷路的赵执信故居

文学 Literature 赵执信 Zhao Zhixin

文学 Literature 　　赵执信 Zhao Zhixin

| 文学 Literature + 赵执信 Zhao Zhixin |

文学 Literature 赵执信 Zhao Zhixin

文学 Literature | 赵执信 Zhao Zhixin

周渔璜
Zhou Yuhuang

　　周渔璜（1665~1714），字渔璜，号起渭，一字桐埜，别号载公。贵阳青岩骑龙（今属贵州省贵阳市）人。清初著名学者，诗人。

　　周渔璜幼年即工诗，十四五岁时，曾赋《灯花诗》一首，传诵乡里。他的诗以新、奇见长，在京城二十多年，初以一首《万佛寺大钟歌》，瑰丽特出，名城震京华。康熙二十六年（1687），渔璜22岁乡试第一。三十三年（1694），29岁时成进士，改翰林院庶吉士。三十六年（1697）教馆，授翰林院检讨。四十四年（1705）任浙江乡试正考官。四十九年（1710）擢升翰林院侍读。五十年（1711）简任顺天学政。五十一年（1712）升侍读学士。五十二年（1713）晋升詹事府詹理，奉命祭禹陵、明太祖孝陵，检阅浙江、江南两省兵。五十三年（1714），终因操劳过度，年近半百即逝世于任上。

　　周渔璜的《桐埜诗集》，清代就有四种刻本流传：初名《回青山房》，又名《稼雨轩》，又名《燕山尘土》，后定名为《桐埜诗集》，其弟周起瀗刻于北京，称北本；周渔璜的朋友同榜进士汪千波再刻于江苏吴县（苏州），称为南本；三刻于贵阳，为谢廷薰所刻，称为谢本；四刻于独山莫友芝，为咸丰二年（1852）印于贵阳。今之常见《桐埜诗集》，即莫友芝的咸丰本，分为四卷，第一卷68首，第二卷77首，第三卷89首，第四卷118首，总计352首诗。记录了周渔璜在翰林院供职期间的见闻和感想，是诗中精品。1999年11月，贵州人民出版社有校注本《桐埜诗集》问世。

位于贵州省贵阳市花溪区黔陶乡骑龙村的周渔璜故居

文学 Literature | 周渔璜 Zhou Yuhuang

文学 Literature　　周渔璜 Zhou Yuhuang

文学 Literature　　＋　　周渔璜 Zhou Yuhuang

中国名人故居 | An Album of the Former Residences of Chinese Celebrities

文学 Literature　　周渔璜　Zhou Yuhuang

沈德潜
Shen Deqian

沈德潜（1673～1769），字确士，号归愚。长洲（今江苏省苏州市）人。清代诗人。

沈德潜早年家贫，从23岁起继承父业，以授徒教馆为生，过了40余年的教馆生涯。尽管处境并不如意，但他并未弃学，在奔波生活之余，勤奋读书。他热衷于功名，在康熙三十三年（1694）被录为长洲县庠生后，总共参加科举考试17次，40年间屡试落第。最终在乾隆四年（1739）才中进士，时年67岁，从此跻身官宦，备享乾隆荣宠。乾隆七年（1742），授翰林院编修。次年迁左中允。累迁侍读、左庶子、侍讲学士，充日讲起居注官。乾隆十二年（1747），命在尚书房行走，又擢礼部侍郎。乾隆十三年（1748），充会试副考官，以原衔食俸。乾隆十六年（1751），加礼部尚书衔；77岁辞官归里，屋居木渎山塘街，著书作述，并任苏州紫阳书院主讲，以诗文启迪后生，颇得赞誉。后获特许，在苏州建生祠，祠址在沧浪亭北的可园西侧。乾隆三十四年（1769）去世，享年97岁。

其诗学深邃，曾选编《古诗源》《唐诗别裁集》《明诗别裁集》，辨析源流，指出名家得失，为研究古代诗歌发展的重要著作，流传颇广。除上述各选本外，有《沈归愚诗文全集》（乾隆刻本），包括自订《年谱》1卷、《归愚诗钞》14卷、《归愚诗钞余集》6卷、《竹啸轩诗钞》18卷、《矢音集》4卷、《黄山游草》1卷、《归愚文钞》12卷、《归愚文续》12卷、《说诗晬语》2卷、《浙江省通志图说》1卷、《南巡诗》1卷等。

位于江苏省苏州市阊家头巷的沈德潜故居

中国名人故居 | An Album of the Former Residences of Chinese Celebrities

| 文学 Literature | 沈德潜 Shen Deqian

文学 Literature 沈德潜 Shen Deqian

曹雪芹
Cao Xueqin

曹雪芹（约1715～1763），名霑，字梦阮，雪芹是其号，又号芹圃、芹溪。祖籍辽阳（一说河北丰润）。清代著名小说家。

曹雪芹的祖父曹寅做过御前侍卫，后任江宁织造，兼任两淮巡盐监察御使。曹雪芹父亲曹颙继任江宁织造，仅两年就去世了。康熙帝钦点其叔父曹頫继任。雍正初年，受皇室夺位斗争的牵连，其叔父被革职，曹家被抄，从此家道败落，曹雪芹随全家迁回北京，经历了生活中的重大转折。他深感世态炎凉，对封建社会有了更清醒、更深刻的认识，从此蔑视权贵，远离官场，过着贫困如洗的艰难日子。晚年，曹雪芹移居北京西郊，生活更加穷苦，"满径蓬蒿"，"举家食粥"。乾隆二十八年（1763），曹雪芹幼子夭亡，他陷于过度的忧伤和悲痛，卧床不起，终因贫病无医，于此年除夕（1764）逝世，享年50岁。

他是一位诗人。其诗立意新奇，现仅存题敦诚《琵琶行传奇》两句："白傅诗灵应喜甚，定教蛮素鬼排场。"又是一位画家，喜绘突兀奇峭的石头；但是他最大的贡献还在于小说的创作。在人生的最后阶段，他以坚韧不拔的毅力，"披阅十载，增删五次"，创作了《红楼梦》。小说"字字看来皆是血，十年辛苦不寻常"，内容丰富，思想深刻，艺术精湛，把中国古典小说创作推向最高峰，在世界文学发展史上占有十分重要的地位。今传《红楼梦》80回以后已写完，但由于种种原因而没有流传下来，由高鹗（或只是修订者）续书。另著有《废艺斋集稿》，共分八册，论述问题包括印刻、编织、园林、风筝、烹调、脱胎手艺、印染等。

位于北京市海淀区香山正白旗村的曹雪芹纪念馆

文学 Literature 曹雪芹 Cao Xueqin

文学 Literature 曹雪芹 Cao Xueqin

中国名人故居 | An Album of the Former Residences of Chinese Celebrities

文学 Literature 曹雪芹 Cao Xueqin

文学 Literature　　　曹雪芹 Cao Xueqin

文学 Literature　　　　曹雪芹 Cao Xueqin

文学 Literature   曹雪芹 Cao Xueqin

中国名人故居 | An Album of the Former Residences of Chinese Celebrities

文学 Literature   曹雪芹 Cao Xueqin

文学 Literature　　＋　　曹雪芹 Cao Xueqin

叶观国
Ye Guanguo

叶观国(1720～1792),字家光,号毅庵,晚年又号存吾。祖籍福建福清,明代起家族徙居闽县(今福建省福州市)。清代文学家、诗人。

叶观国少时聪颖,五六岁父亲授经书便皆能成诵,九岁能属文。入学刻苦,20岁已有文名。乾隆六年(1741)22岁拔贡生,十二年(1747)28岁中举人,十六年(1751)中进士,授翰林院庶吉士。十七年(1752)散馆后授编修,参与修国史工作。次年出典河南乡试,此年又任武英殿纂修官,两年后升武英殿提调官。二十一年(1756)出典湖北乡试,事竣回京途中即奉命督学云南,三年任满后还京。次年即二十五年(1760)出典湖南乡试,二十六年升赞善,二十七年(1762)与蒋士铨同任顺天乡试同考官,试竣奉命督学广西。三年任满后,自广西归往福州。三十一年(1766)将家从通津衢迁往九仙山旁法海路花园弄(今法海路34号)。服阕后于三十三年(1768)入都,时49岁,补官后充教习庶吉士。三十六年(1771)出典云南乡试,次年以侍读任会试同考官,同年念及母亲年事已高,请急回籍侍奉母亲。三十八年(1773)乾隆下诏开四库修书,叶观国应福建巡抚余文仪的聘请入局编订,任福建省局总校,搜集福州旧闻风物作《榕城杂咏一百首》,又集闽史闽事为《闽中杂记》。四十一年(1776)叶观国赴泉州主讲清源书院,前后凡四年。其间多次返榕城,曾参与当时福州著名文社"读书社"活动,与孟超然、张甄陶、林乔荫等多唱和。四十二年(1777)春迁居文儒坊。四十四年秋,叶观国将生平诗作手自编定,名为《绿筠书屋诗钞》,共十一卷付印,蒋士铨为序。四十六年(1781)受命入值尚书房侍阿哥讲读,是年又任钦点武会试总裁。次年乾隆召入重华宫,赐宴和诗联句,此后多受赏赐。四十八年(1783)六月出典四川乡试,在闱中即奉督学安徽之命。三年任满,五十一年(1786)返京后依原职为官。五十三年(1788)秋,乞假一年。一年假满后,因患足疾,又告请病假,不复作出山之想。晚年读书为乐,五十七年(1792)逝,享年73岁。

著有四卷《老学庵随笔》,自编所作《绿筠书屋诗钞》18卷,另著有《闽中杂记》《秋狝获白鹿赋》。

位于福建省福州市鼓楼区法海路的叶观国故居

文学 Literature 叶观国 Ye Guanguo

紅坊紫巷
福
福

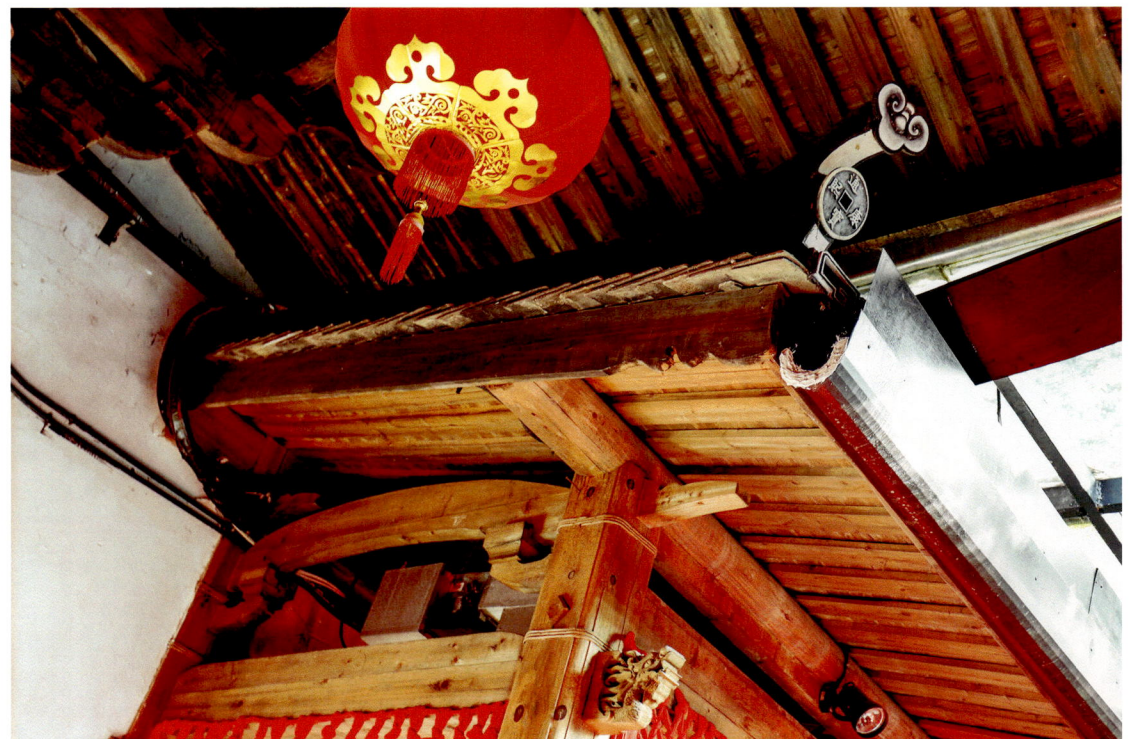

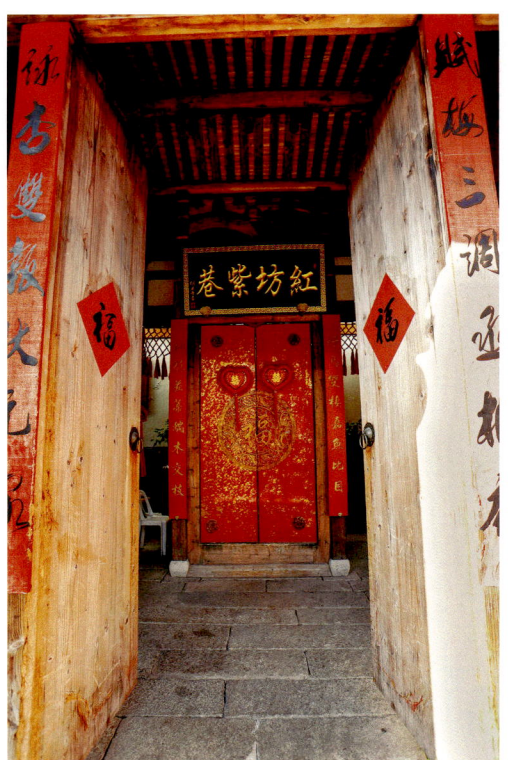

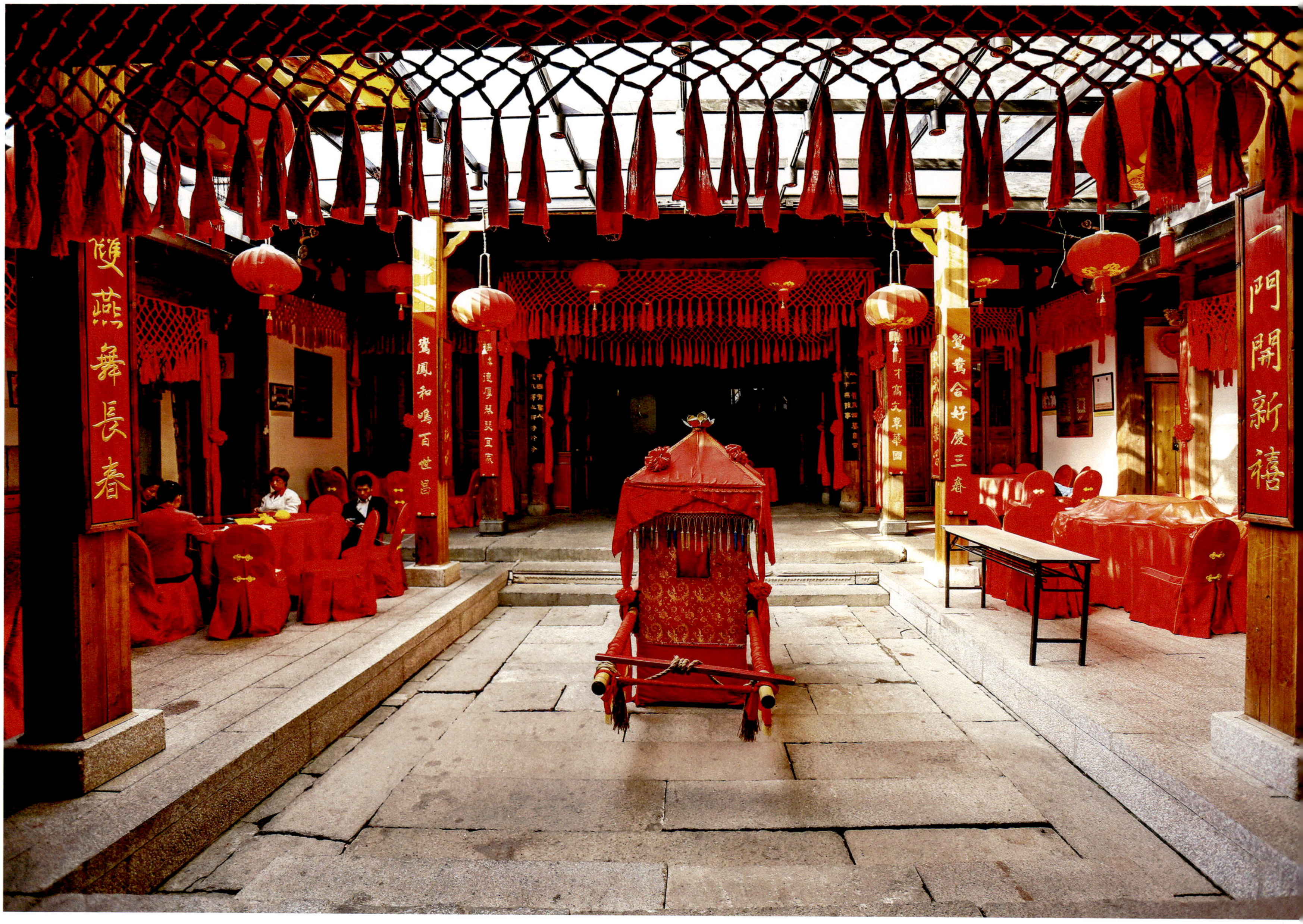
雙燕舞長春
門開新禧
鸞鳳和鳴百世昌
鸞鳳合好慶三春

文学 Literature   叶观国 Ye Guanguo

文学 Literature　　　叶观国 Ye Guanguo

文学 Literature 　　叶观国 Ye Guanguo

赵翼
Zhao Yi

赵翼（1727～1814），字云崧，一字耘崧，号瓯北，又号裘萼，晚号三半老人。江苏阳湖（今江苏省常州市）人。清代文学家、史学家。

赵翼自6岁起即随父亲就读于外。12岁为制举文，一日能成七艺，人皆奇之。乾隆六年（1741）父亲在一家姓杭的大户家教书时去世。杭家怜悯他，遂留他继续教书。19岁入府学，成为秀才。此后，他一直应聘为富家课徒。乾隆十四年（1749），离家北上，投奔京城亲戚。抵京后，赵翼以其文才受知于刑部尚书兼翰林院掌院学士刘统勋。刘统勋请其至家，纂修《国朝宫史》36卷。乾隆二十一年（1756），入直军机。乾隆二十六年（1761）成一甲第三名进士，授翰林院编修。担任方略馆纂修官撰文，修《通鉴辑览》。记名以备用为道员知府。乾隆二十七年（1762），在顺天府乡试任同考官。乾隆二十八年（1763），出任会试同考官。乾隆三十年（1765），出任顺天武举主考官。乾隆三十一年（1766）冬，出任广西镇安知府。乾隆三十五年（1770），调守广州知府。乾隆三十七年，受弹劾被交部议而降级。乾隆三十八年，奉旨被吏部引见时，告假回乡，不再复出为官，朝廷准允辞官。乾隆四十五年（1780）五月，他取道山东赴京。行至台儿庄，忽患风疾，掉头南归。乾隆五十二年（1787），台湾发生林爽文事件，闽督李侍尧征台湾，道常州，邀请赵翼入幕商研。赵翼出谋划策，起义被镇压平息。李侍尧奏明皇上，想要启用赵翼。赵翼坚决辞官，既归，复以著述自娱。嘉庆十五年（1810），重赴鹿鸣宴，赐三品冠服。嘉庆十九年（1814）卒，享年86岁。

所著《廿二史札记》与王鸣盛《十七史商榷》、钱大昕《二十二史考异》合称清代三大史学名著。

位于江苏省常州市前北岸街的赵翼故居

文学 Literature　　　　赵翼 Zhao Yi

李调元
Li Tiaoyuan

李调元（1734~1802），字美堂，一字赞庵，号雨村、童山蠢翁。四川绵州（今四川省德阳市）人。清代戏曲理论家、诗人。

李调元生在书香世家，自幼便在父亲的严格指导下攻读经文，5岁即读《四书》《尔雅》等经文、史书。他记忆力过人，凡经眼经书大多过目不忘。李调元7岁即能属对吟诗，被誉为"神童"。乾隆二十八年（1763）进士，由吏部文选司主事迁考功司员外郎，办事刚正，人称"铁员外"。历任翰林编修、广东学政。乾隆四十六年（1781）正月，擢授通永兵备道等职因弹劾永平知府，得罪权相和珅，遭诬陷，遣戍伊犁，至1785年方得以母老赎归，居家著述终老。嘉庆七年（1803）病逝。

其诗作多反映民间疾苦，著有《童山全集》。撰辑诗话、词话、曲话、剧话、赋话著作达五十余种。编辑刊印《函海》共30集。全卷共150种书。著有《童山诗集》40卷，戏曲理论著作《曲话》《剧话》等。

位于四川省罗江县调元镇双堰村的李调元故居

文学 Literature 　　李调元 Li Tiaoyuan

文学 Literature　　李调元 Li Tiaoyuan

文学 Literature　　　李调元　Li Tiaoyuan

位于四川省罗江县调元镇的李调元读书台

文学 Literature   李调元 Li Tiaoyuan

中国名人故居　An Album of the Former Residences of Chinese Celebrities

文学 Literature　　　　李调元 Li Tiaoyuan

文学 Literature　　　李调元 Li Tiaoyuan

文学 Literature　　　李调元 Li Tiaoyuan

黄景仁
Huang Jingren

　　黄景仁（1749～1783），字汉镛，一字仲则，号鹿菲子。武进（今江苏省常州市）人。清代诗人。

　　黄景仁为北宋诗人黄庭坚的后裔。4岁丧父，12岁祖父去世，16岁时唯一的哥哥罹病身亡。黄景仁依赖母亲屠氏养成，8岁能制举文，16岁应童子试，3000人中名列第一。17岁补博士弟子员。乾隆三十三年（1768），开始浪游浙江、安徽、江西、湖南等地。曾在湖南按察使王太岳、太平知府沈业富、安徽学政朱筠幕中为客。乾隆四十年（1775）赴北京，次年应乾隆帝东巡召试取二等，授武英殿书签官。乾隆四十三年（1778），受业于鸿胪寺少卿王昶门下。乾隆四十八年（1783），为债家所迫，北走太行，抱病赴西安，至山西解州运城，35岁病逝于河东盐运使沈业富官署中。

　　诗负盛名，为"毗陵七子"之一。诗学李白，所作多抒发穷愁不遇、寂寞凄怆之情怀，也有愤世嫉俗的篇章。七言诗极有特色。亦能词。著有《两当轩全集》。

位于江苏省常州市晋陵中路的黄景仁故居

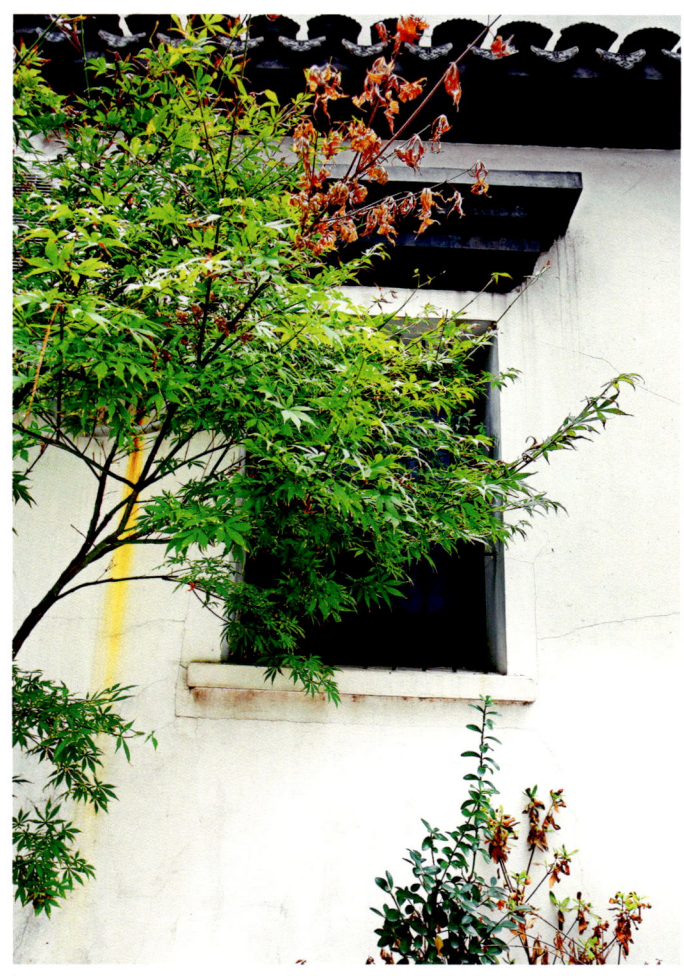

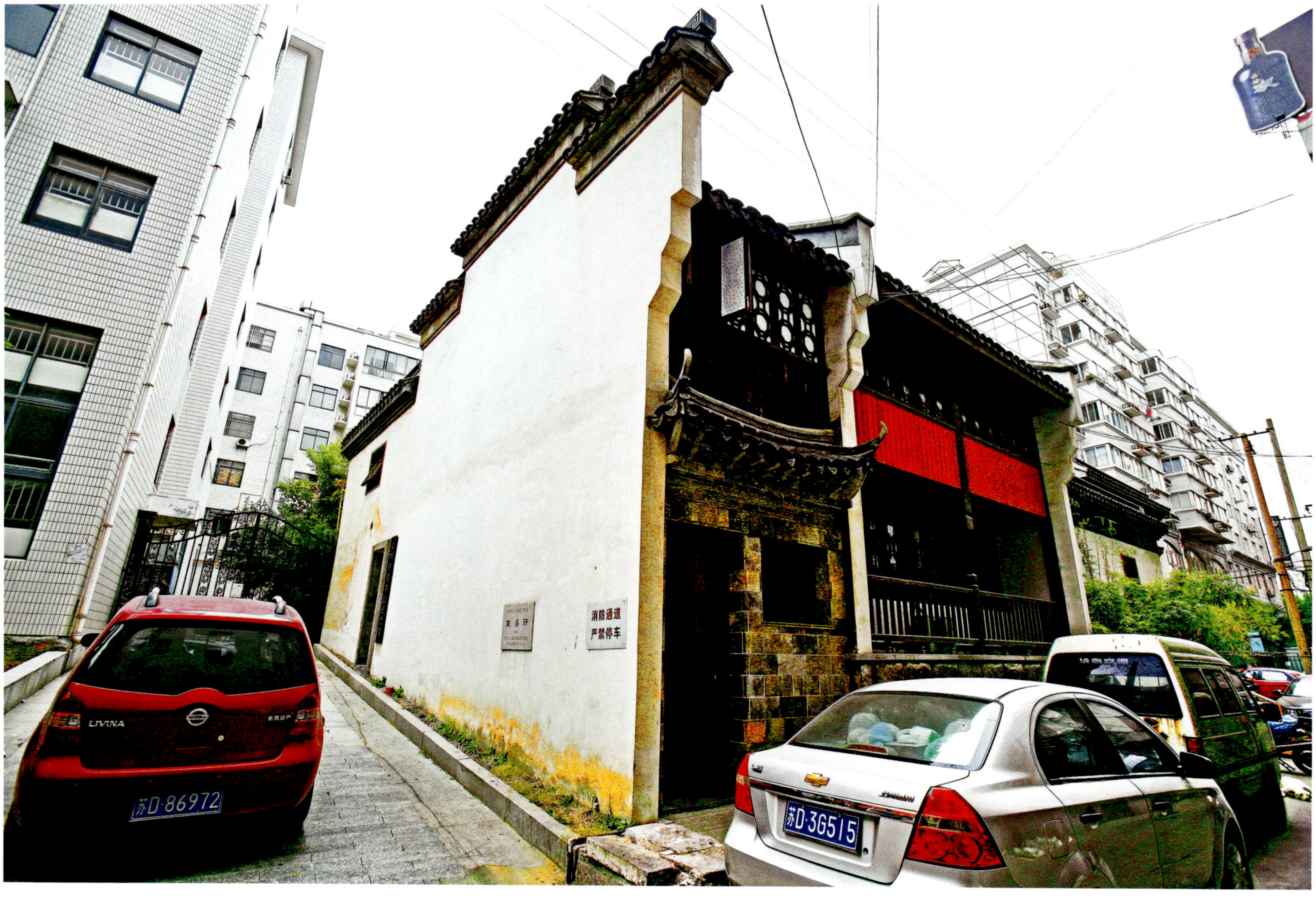
两当轩
消防通道
严禁停车
LIVINA
苏D·86972
苏D·3G515

文学 Literature 黄景仁 Huang Jingren

陈端生
Chen Duansheng

　　陈端生(1751~约1796),字云贞。浙江钱塘(今浙江省杭州市)人。清代弹词女作家。

　　其祖父陈兆仑曾任顺天府尹、太仆寺卿,著有《紫竹山房文集》。父陈玉敦,乾隆时举人,曾任山东登州府同知、云南临安府同知。陈端生从小就善诗文,"云贞淑而多才,擅长笔札,工吟咏",其诗"宛丽清和,真扫眉才子所不如者"。陈端生年仅18岁就开始创作《再生缘》,共写了16卷,计六十余万字,全书以七言排律诗体写成,一气呵成,足见其才华过人。正当她援笔往下续写时,祖父的去世,母亲的病故,使她不得不缀笔。23岁嫁于范秋塘,6年后其夫范秋塘以科场案(一说继母控忤逆)谪戍伊犁。她在家奉侍婆母,抚养儿女,在贫寒中苦苦煎熬,"心伤魂杳渺,肠断意犹煎"。乾隆四十九年(1784),陈端生在亲友的劝说下,振奋精神,花了一年时间,写成第十七卷。陈端生命途多舛,不幸的是女儿出疹夭折,自己又患不治之症,使得《再生缘》这部巨著未能完成,陈端生就撒手人寰,只好"笔下遗留未了缘",临死之前也未能见到丈夫一面,嘉庆元年颁诏大赦,范秋塘获归,未至家门,陈端生已去世。余3卷由另一女作家梁德绳续稿。最后由女作家侯芝整理为80回本。有道光二年(1822)宝仁堂刊本,其后又有多种刊本、石印本和铅印本。此作经改编衍生本无数,先后经陈寅恪、郭沫若两位国学大师挖掘,后世人将陈端生半部弹词《再生缘》与《红楼梦》并称南缘北梦。她还著有《绘影阁诗集》(失传)。

文学 Literature　　陈端生 Chen Duansheng

位于浙江省杭州市河坊街的陈端生故居

中国名人故居 | An Album of the Former Residences of Chinese Celebrities

文学 Literature 陈端生 Chen Duansheng

文学 Literature　　　陈端生 Chen Duansheng

姚莹
Yao Ying

姚莹（1785~1853），字石甫，号明叔，晚号展和。安徽桐城（今安徽省桐城市）人。清代著名思想家、文学家、军事家，桐城派代表人物之一。

姚莹从小好学，对书无所不窥，往往"博证精究，每有所作，不假思索，议论闳伟"，其"文章善持论，指陈时事利害，慷慨深切"。嘉庆十三年（1808）中进士，次年招入粤督百龄幕府。嘉庆二十一年（1816）任福建平和县知县，办事干练，诛奸抑暴。次年，调任龙溪知县，无论贫富，秉公断狱。嘉庆二十四年（1819）春，调任台湾知县。道光元年（1821）任噶玛兰通判。在任期间，他多方规划，建造城垣衙署，改筑仰山书院，大力鼓励人民开垦，兴利除弊，积极促进汉族人民与高山族人民的民族团结友好，对开发噶玛兰做出积极贡献，因而"深得士民心"。后来，因龙溪别案，受害革职，"台人大失望，群走道府乞留"。道光十一年（1831）三月至京都，与龚自珍、魏源、张际亮、汤鹏等相交游，讲究经世之学，关注国计民生、时政利弊。道光十二年（1832）至十四年（1834）间，任江苏武进、元和知县。当时，道光帝诏谕朝廷内外大臣举荐人才，姚莹为两江总督陶澍、江苏巡抚林则徐所器重，力荐朝廷，于是升为高邮州知州，未赴任便调署淮南盐监掣同知。道光十七年（1837），授台湾兵备道，赏加按察使衔。道光二十五年（1845），他在西南各地进行实地考察的基础上，著《康輶纪行》一书，旨在"知彼虚实"、"徐图制夷"，以"冀雪中国之耻，重边海之防"。道光三十年（1850）咸丰帝即位后，授湖北盐法道，未行，擢为广西、湖南按察使，病死军中。著作有《中复堂全集》。

位于安徽省桐城市寺巷的姚莹故居

文学 Literature   姚莹 Yao Ying

刘熙载
Liu Xizai

　　刘熙载（1813~1881），字伯简，号融斋，晚号寤崖子。江苏兴化（今江苏省兴化市）人。清代文学家。

　　道光十九年（1839），赴南京乡试中举。道光二十四年（1844）春，赴北京参加会试，中进士，以文章与书法均优，改翰林院庶吉士，授编修。咸丰三年（1853），皇帝召对称旨，旋奉命入值上书房，为诸王师。咸丰七年（1857），请假客寓山东，在禹城开馆授徒。咸丰九年（1859）底返京。咸丰十年（1860），英法联军侵犯北京，"官吏多迁避，熙载独留"。咸丰十一年（1861），离开京城，赴武昌任江汉书院主讲。同治元年（1862），朝廷起用旧臣，刘熙载在列。同治三年（1864），刘熙载补国子监司业。同年秋，任命为广东学故，补左春坊左中允。同治五年（1866），刘熙载督学广东三年任期未满，请长假回到故乡兴化，从此脱离宦海。同治六年（1867），刘熙载应敏斋聘请，主讲上海龙门书院。光绪六年（1880）夏，刘熙载因疾返归故里。光绪七年二月卒于古桐书屋，享年69岁。

　　著有《艺概》《昨非集》《四音定切》《说文双声》《古桐书屋六种》《古桐书屋续刻三种》。其中以《艺概》最为著名，共6卷，分为《文概》《诗概》《赋概》《词曲概》《书概》《经义概》，分别论述文、诗、赋、词、书法及八股文等的体制流变、性质特征、表现技巧及作家作品评论等。

文学 Literature　　刘熙载 Liu Xizai

位于江苏泰州市兴化小关帝庙巷的刘熙载故居

文学 Literature　　　　　刘熙载 Liu Xizai

吴汝纶
Wu Rulun

吴汝纶（1840~1903），字挚甫，一字挚父。安徽桐城义津桥（今属枞阳县）人。晚清文学家、教育家，桐城派后期作家。

清同治三年（1864）举人，次年进士，授内阁中书。同治十年（1871）至十二年曾任深州知州。光绪七年（1881）至十五年又任冀州知州。后遭人忌妒，弃官从教，任保定莲池书院山长。光绪二十八年（1902），清廷诏办大学堂，经大臣张百熙推荐，加吴汝纶五品衔，任其为京师大学堂总教习。吴汝纶大力提倡学习西方科学文化知识，主张"中学为体、西学为用"，并深入探求西方的科学和哲学。他竭力支持严复的翻译工作，并为其翻译的《天演论》作序。光绪二十八年五月，汝纶奉清廷令，赴日本考察学制，编成《东游丛录》一书，这是我国最早的一部介绍日本的专著。吴汝纶十分关注家乡的教育，寓居省城安庆时，借巡抚衙门南院，筹建桐城学堂，即今桐城中学之前身，自认堂长。光绪二十九年（1903）春，在家病逝。

吴汝纶博学多才，著述颇丰。诠释《易说》2卷、《吴氏写本尚书》1卷、《尚书故》3卷、《夏小正私笺》1卷；点校《国语》《国策》《史记》《汉书》《三国志》《新五代史》《资治通鉴》等；著有《文集》4卷、《诗集》1卷、《尺牍》7卷、《深州风土记》22卷、《东游丛录》4卷。后将著作与点勘诸书，合刊为《桐城吴先生全书》。

文学 Literature   吴汝纶 Wu Rulun

庞鸿文
Pang Hongwen

庞鸿文（1845~1909），字伯絅，号絅堂。江苏常熟（今江苏省常州市）人。晚清官员、文学家。

庞鸿文是著名藏书家庞钟璐的长子。清光绪二年（1876）进士，选为翰林院庶吉士，后授翰林院编修。他学习努力，才思敏捷，文章伟丽，精通词、赋、骈偶等文体，研究和探讨经史及治国之学，对军事、律法、盐政、粮漕、水利等事务，都做过认真研究。曾任湖北学政，多次主持广西、云南乡试，分别校阅光绪十一年秋季乡试考卷和光绪十六年春季会试试卷，选拔人才不拘一格，教育后人注重品行第一。后调任国子监司书，又提升为太常少卿，通政司副使。戊戌变法后，庞鸿文托病归里。居家十年间，兴办学堂，以冀熔冶新旧学术，纠正时弊。他提出以农业为重，发展种植业，使民富裕的主张，但未能实现。他看到县志多年未修，就凭借光绪初年的采访稿，同时搜集县内的典故、传说、轶事，加以考证制订，经过数年努力，修纂成《常昭合志》50卷。宣统元年（1909）病故。还著有诗、词若干卷。

位于江苏省常熟市南泾堂的庞鸿文故居

文学 Literature 庞鸿文 Pang Hongwen

林鹤年
Lin Henian

　　林鹤年（1846~1901），字氅云，又字谦章，号铁林。安溪（今福建省安溪县）人。清末著名诗人、茶商。

　　清光绪八年（1882）中举，翌年考取誊录。甲午年（1894）之役，林鹤年献款助军需，被授予工部虞衡司郎中职。不久任广东道员，加按察使衔。告退后，先后在龙岩的宁洋和台湾的苗栗发展垦殖业，多有义举。十八年（1892）手办台湾茶税和船捐，捐官道员。二十年（1894）中日甲午战争清朝失败，台湾割让给日本，他退居厦门鼓浪屿。著有《福雅堂诗钞》等。历史上，在安溪众多咏茶诗或涉及茶的诗词中，林鹤年写得最多，也写得最长。在台湾苗栗业成之后，他曾在家乡兴建了一座精致的山园，并返家长住。在此期间，创作了大量的五言诗和七律诗，家乡的秀美山川、特产名茶和淳朴的民间风情，在其笔下尽显风采。其茶诗为当代研究清末安溪茶业生产提供了丰富的资料，更为博大精深的安溪茶文化写下浓墨重彩的一笔。

位于福建省厦门市鼓浪屿福建路的林鹤年故居

文学 Literature | 林鹤年 Lin Henian

林纾
Lin Shu

林纾（1852～1924），字琴南，号畏庐，别署冷红生，晚称蠡叟、践卓翁、六桥补柳翁、春觉斋主人；室名春觉斋、烟云楼等。福建闽县（今福建省福州市）人。近代文学家、翻译家。

早年曾从同县薛锡极读欧阳修文及杜甫诗。后读同县李宗言家所藏书，不下三四万卷，博学强记，能诗，能文，能画，有狂生的称号。光绪八年（1882）举人，考进士不中。二十六年（1900），在北京任五城中学国文教员。所作古文，为桐城派大师吴汝纶所推重，名益著，任北京大学讲席。辛亥革命后，入北洋军人徐树铮所办正志学校教学，推重桐城派古文。后在北京，专以译书售稿与卖文卖画为生。曾任"苍霞精舍"（今福建工程学院前身）总教习。

林纾被公认为中国近代翻译文学的开山祖师。在不谙外文的特殊情况下，他与魏翰、陈家麟等曾留学海外的才子们合作翻译了《鲁滨逊漂流记》等一百八十余部外国小说，开拓了人们的视野。除翻译小说外，文有《畏庐文集》《续集》《三集》，诗有《畏庐诗存》《闽中新乐府》，自著小说有《京华碧血录》《巾帼阳秋》《冤海灵光》《金陵秋》等，笔记有《畏庐漫录》《畏庐笔记》《畏庐琐记》《技击余闻》等，传奇有《蜀鹃啼》《合浦珠》《天妃庙》等。还有古文研究著作《韩柳文研究法》《春觉斋论文》以及《左孟庄骚精华录》《左传撷华》等。

位于福建省福州市鼓楼区水部街道莲宅村的林纾故居

中国名人故居 | An Album of the Former Residences of Chinese Celebrities

文学 Literature 　　　林纾 Lin Shu

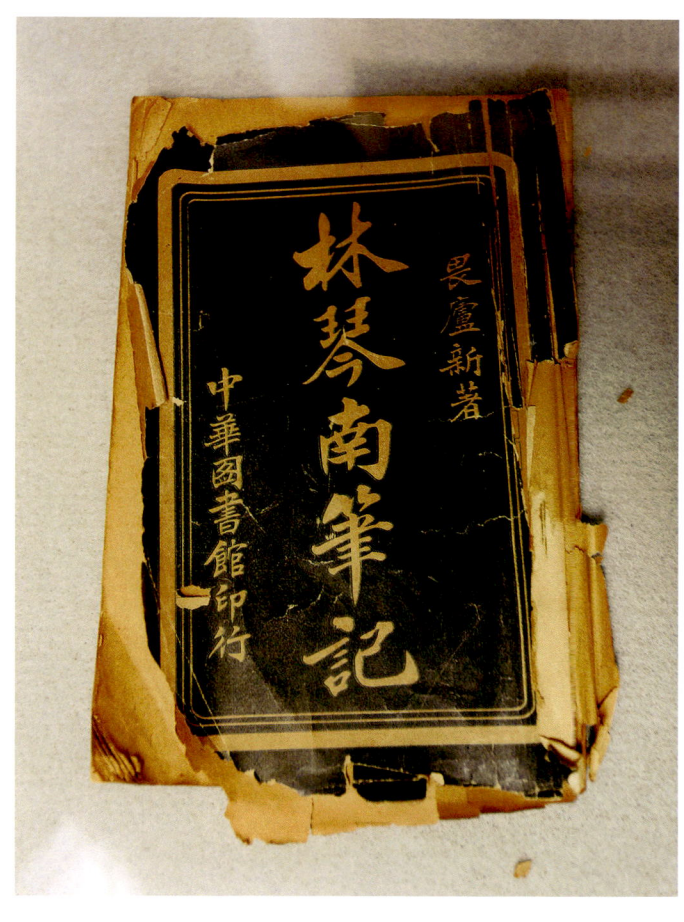

文学 Literature 　　　　　　　　林纾 Lin Shu

陈三立
Chen Sanli

陈三立（1853~1937），字伯严，号散原。江西修水（今江西省修水县）人。晚清民初诗人，近代同光体诗派重要代表人物。

陈三立年少博学，才识通敏，洒脱而不受世俗礼法约束。光绪八年（1882）参加三年一届的乡试，因深恶"八股文"，应试时，不按考场规定文体（八股文），而以自己平素擅长的散文体答卷，其卷在初选时曾遭摒弃，后被主考官陈宝琛发现，从落第卷中抽出选拔为举人。光绪十二年赴京会试中进士，授吏部主事官职。平居之时，常与有进步思想之士大夫交游，谈学论世，慷慨激昂，希望维新变法，还参加了"强学会"。光绪二十一年（1895）秋，父亲陈宝箴任职湖南巡抚时，他奉诏辅佐父亲推行新政。他协助父亲创办《湘报》，办时务学堂、算学馆，还广为交友，结识梁启超、谭嗣同、黄遵宪等新派人物，集思广益，以求"三湘富强之道"。与谭嗣同等人并称"维新四公子"。戊戌变法失败后，陈宝箴、陈三立父子受到株连，被革职回到南昌。父亲死后，陈三立定居南京，不问政治，热衷于办学，延请外国教师，传授新知识。辛亥革命爆发时，他携全家逃往上海，并污蔑武昌起义是"作乱"。1934年全家定居北平。1937年，卢沟桥事变，他表示："我决不逃难！"。当年，北平、天津相继陷落。日军派人百般游说，希望他能出面辅佐溥仪政权，他坚辞拒绝。后来为抗议日寇密探的骚扰，绝食五日而死，终年85岁。

所著有《散原精舍诗》《续集》《别集》及《散原精舍文集》。

位于江西省修水县义宁镇竹塅村的陈三立故居

中国名人故居 | An Album of the Former Residences of Chinese Celebrities

文学 Literature   陈三立 Chen Sanli

文学 Literature 　　 陈三立 Chen Sanli

文学 Literature 陈三立 Chen Sanli

位于江西省九江市庐山区河西路的陈三立故居

文学 Literature   　　　陈三立 Chen Sanli

刘鹗
Liu E

刘鹗（1857~1909），谱名震远，原名孟鹏，字云抟、公约。后更名鹗，字铁云（刘铁云）。又字公约，号老残。署名"鸿都百炼生"。江苏丹徒（今江苏省镇江市）人，寄籍山阳（今江苏省淮安市）。清末小说家。

刘鹗出身官僚家庭，但不喜科场文字。自青年时期拜从太谷学派李光(龙川)之后，终生主张以"教养"为大纲，发展经济生产，富而后教，养民为本的太谷学说。同时手袭家学，致力于数学、医学、水利、音乐、算学等实际学问，并纵览百家，喜欢收集书画碑帖、金石甲骨。其《铁云藏龟》一书，最早将甲骨卜辞公之于世，"甲骨四堂"中的二堂(罗振玉号雪堂、王国维号观堂)，都直接或间接地受到刘鹗的影响。而刘鹗所刊刻研究三代文字的《铁云藏龟》等书，更是其拓印、系统研究古文字及其演变过程的代表作。早年科场不利，转而行医和经商。光绪十四年（1888）至二十一年，先后入河南巡抚吴大澄、山东巡抚张曜幕府，帮办治黄工程，成绩显著，被保荐到总理各国事务衙门，以知府任用。二十三年（1897），应外商福公司之聘，任筹采山西矿产经理。后又曾参与拟订河南矿务机关豫丰公司章程，并为福公司擘划开采四川麻哈金矿、浙江衢严温处四府煤铁矿，成为外商之买办与经纪人。二十六年（1900）义和团事起，八国联军侵入北京，刘鹗向联军处购得太仓储粟，设平粜局以赈北京饥困。三十四年（1908）清廷以"私售仓粟"罪把他充军新疆，次年死于乌鲁木齐。

刘鹗所撰《老残游记》是晚清四大谴责小说之一。还有《勾股天元草》《铁云藏龟》《铁云藏陶》等著作留世。

位于江苏省淮安市和平路地藏寺巷的刘鹗故居

中国名人故居 | An Album of the Former Residences of Chinese Celebrities

中国名人故居 | An Album of the Former Residences of Chinese Celebrities

沈石友
Shen Shiyou

沈石友（1858～1917），原名汝瑾，字公周，因喜石砚，取石友别号。江苏常熟（今江苏省常熟市）人。近代诗人。

沈石友善工诗词，是藏砚大家，有石友砚谱行世。善书取法王；能作花卉蔬果，与蒲华、吴昌硕合作。平生所作以诗为多，间治古文，有《鸣坚石斋诗钞》石友诗集等刊行。《鸣坚石斋诗集》12卷，收编年诗一千四百六十余首。多感事、咏物、题画、赠友、哀挽、遣兴之作。

位于江苏省常熟市西沧前下塘的沈石友故居

文学 Literature　　＋　　沈石友 Shen Shiyou

中国名人故居 | An Album of the Former Residences of Chinese Celebrities

丘逢甲
Qiu Fengjia

丘逢甲（1864~1912），字仙根，又字吉甫，号蛰庵（一作蛰仙）、仲阏、华严子，别署海东遗民、南武山人、仓海君。辛亥革命后以仓海为名。祖籍嘉应镇平（今广东省蕉岭县），生于台湾省苗栗县。近代诗人。

自幼天资聪颖，4岁随父读书，6岁能诗，7岁能文，到12岁时已能熟读书四书五经，背诵唐宋诗词。14岁应童子试，获全台第一名。少年时就很有志向和抱负，"毅然以天下为己任"。甲午战争失利后，他招募台湾青年，组织民军，募集了义军一百六十余营。他任义军统领，对义军"晓以大义，动以厉害，勤加训练"，使义军战斗力提高很快。辛亥武昌起义成功，丘逢甲深受鼓舞，不顾个人安危，积极策动广东独立。广东军政府成立后，丘逢甲担任了军政府的教育司长。1912年元旦，丘逢甲被推举为出席南京组织中央临时政府成立议会的广东的代表之一，被选为参议院参议员。1912年2月25日去世，终年48岁。

其诗多抒发爱国激情，悲壮苍凉。著有《岭云海日楼诗钞》《柏庄诗草》等。

位于广东省蕉岭县文福镇淡定村的丘逢甲故居

文学 Literature　　丘逢甲 Qiu Fengjia

文学 Literature　　　　　丘逢甲　Qiu Fengjia

中国名人故居 | An Album of the Former Residences of Chinese Celebrities

文学 Literature 丘逢甲 Qiu Fengjia

文学 Literature 　　　　丘逢甲 Qiu Fengjia

李伯元
Li Boyuan

　　李伯元（1867~1906），名宝嘉，别号南亭亭长。江苏常州（今江苏省常州市）人，生于山东。近代著名文学家。

　　李伯元生于世宦之家，其祖父、父亲、伯父都是科第出身，有的在地方任牧令、监司，有的在京城官居枢要。伯元三岁时，父亲去世，由堂伯抚养，随伯父在山东长大。伯父对他督教甚严，母亲只此一个儿子，更是把全副心力放在他身上。伯元自幼聪慧好学，兴趣广泛，每当夜深人静，淡月孤灯之下，攻读不止。他擅长制艺诗赋，善于绘画篆刻，懂得金石考据，可谓多才多艺。少年时期就考取了秀才，名列第一，但始终未能考中举人。光绪二十三年（1897），来到上海，创办《指南报》，揭露时弊，劝善惩恶。后应商务印书馆之聘，编辑出版《绣像小说》半月刊，是晚清上海小报的创始人。

　　李伯元先后创作了《庚子国变弹词》《官场现形记》《文明小史》《中国现在记》《活地狱》《海天鸿雪记》，以及《李莲英》《海上繁华梦》《南亭笔记》《南亭四话》《滑稽丛话》《尘海妙品》《奇书快睹》《醒世缘弹词》等书十多种。其中《官场现形记》是晚清谴责小说的代表作。

　　后因积劳成病，1906年病故于上海，年仅40岁。

文学 Literature 李伯元 Li Boyuan

位于江苏省常州市青果巷的李伯元故居

文学 Literature   +   李伯元 Li Boyuan

曾朴
Zeng Pu

曾朴（1872~1935），初字太朴，后改字孟朴，又字小木、籀斋，笔名东亚病夫。江苏常熟（今江苏省常熟市）人。清代文学家。

1891年中举，次年春试不第，遂由父亲替他捐了内阁中书，在京供职。1895年入同文馆学习法文，有志于外交，次年应考总理衙门却未中。此后痛恨政局腐败，决心舍弃仕途，别寻发展，遂回南方。时值康梁力倡新政，曾与谭嗣同等参与维新活动。变法失败后回到常熟当小学校长，并潜心研究法国文学。1903年赴上海经营丝业，因外丝大量销入而亏累甚巨，遂罢归故里。1904年再度赴沪，与徐念慈等创立"小说林社"，发行小说及西洋小说译本，自己也写小说。1907年又创《小说林》杂志。出了12期，于1908年9月因资金周转不畅而停刊。其时张謇等的立宪运动兴起，曾朴参与其事，并且是中坚分子。后参加反对清廷搜杀革命党人的活动，清廷曾密电拘捕他。1909年入为主张新政的两江总督端方幕宾，后端方北调，他以候补知府分发浙江。辛亥革命爆发后，回江苏省被选为省议员，后任江苏省官产处处长、财政厅长、政务厅长等。1926年9月革命军北伐之后，曾朴放弃了政治生涯，重回文学界，1927年在上海开设真善美书店，并发行《真善美》杂志。《真善美》1931年7月停刊。后经济窘迫，遂迁回常熟，以种花消遣生活。1935年6月23日病逝。

曾朴的艺术成就主要体现在他的小说《孽海花》，历来被公认为晚清四大谴责小说中最有价值的一部作品。鲁迅评价其写作艺术："结构工巧，文采斐然"。但也指出它亦有"高增饰而贱白描""形容时复过度"的一面。

文学 Literature | 曾朴 Zeng Pu

位于江苏省常熟市翁府前街的曾朴故居

文学 Literature   曾朴 Zeng Pu

文学 Literature　　曾朴 Zeng Pu

文学 Literature 　　　 曾朴 Zeng Pu

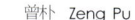

文学 Literature　　　曾朴 Zeng Pu

617

陈去病
Chen Qubing

　　陈去病（1874～1933），原名庆林，字巢南，因读"匈奴未灭，无以家为也"，比满清为匈奴，自比霍去病遂易名"去病"。江苏吴江同里（今江苏省吴江市同里镇）人。诗人、学者、政治活动家。

　　光绪二十四年（1898）在家乡组织雪耻学会，响应维新运动。光绪二十九年（1903）赴日，加入中国留学生组织的拒俄义勇队。次年在上海任《警钟日报》主笔，同时创办《二十世纪大舞台》杂志，提倡戏剧改良。1906年，加入同盟会。同年，为纪念明末进步思想家黄宗羲，在安徽府中学堂与黄滨虹等组织黄社。次年，到上海编辑《国粹学报》，与吴梅等组织神交社。1908年，在绍兴府中学堂组织匡社。为了纪念秋瑾，又在杭州组织秋社。次年，在苏州与柳亚子、高旭一起创办南社。武昌起义后创办《大汉报》，在绍兴为越社主编《越铎日报》。1913年，参加讨袁的"二次革命"。1917年，随孙中山赴粤"护法"。1922年，孙中山督师北伐，陈去病任大本营前敌宣传主任。在推翻封建帝制的辛亥革命和讨伐袁世凯的护法运动中，都做出了重要贡献。后曾任南京东南大学教授、江苏革命博物馆馆长等职。1933年，病逝于故乡同里镇。

　　其诗多抒发爱国激情，风格苍健悲壮。著有《浩歌堂诗钞》，并辑有《清秘史》《陆沉丛书》等。

位于江苏省苏州市吴江区同里镇三元街的陈去病故居

文学 Literature　　　+　　　陈去病 Chen Qubing

文学 Literature   陈去病 Chen Qubing

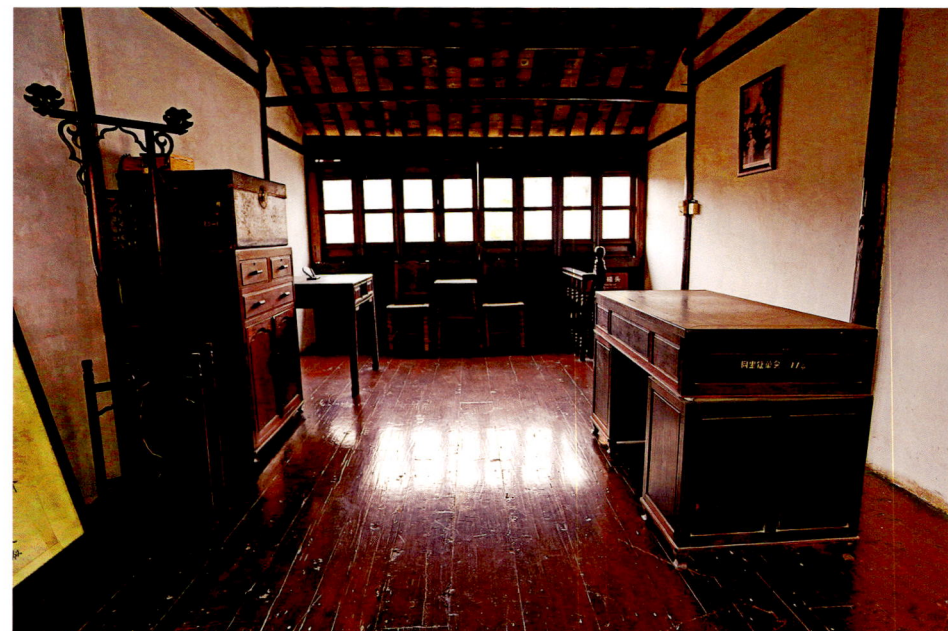

文学 Literature　　陈去病 Chen Qubing

文学 Literature   陈去病 Chen Qubing

文学 Literature　　陈去病 Chen Qubing

鲁迅
Lu Xun

鲁迅（1881~1936），原名周樟寿，1898年改为周树人，笔名鲁迅，字豫山、豫亭，后改名为豫才。浙江绍兴（今浙江省绍兴市）人。现代文学家、思想家、革命家。

鲁迅出身于破落封建家庭。1902年去日本仙台医学院学医，后从事文艺创作，企图以此来改变国民精神。1905年至1907年，参加革命党人的活动，发表了《摩罗诗力说》《文化偏至论》等论文。1909年，与其弟周作人一起合译《域外小说集》，介绍外国文学。同年回国，先后在杭州、绍兴任教。辛亥革命后，曾任南京临时政府和北京政府教育部部员、佥事等职，兼在北京大学、女子师范大学等校授课。1918年5月，首次用"鲁迅"的笔名，发表了中国现代文学史上第一篇白话小说《狂人日记》。五四运动前后，参加《新青年》杂志工作，成为五四新文化运动的主将。1918年到1926年间，先后创作出版了小说集《呐喊》《彷徨》、论文集《坟》、散文诗集《野草》、散文集《朝花夕拾》、杂文集《热风》《华盖集》《华盖集续编》等专集。其中，1921年12月发表的中篇小说《阿Q正传》，是中国现代文学史上的不朽杰作。1926年8月，因支持北京学生爱国运动，为北洋军阀政府所通缉，南下到厦门大学任中文系主任。1927年1月，到中山大学任教务主任。1930年起，先后参加中国自由运动大同盟、中国左翼作家联盟和中国民权保障同盟，反抗国民党政府的独裁统治和政治迫害。从1927年到1936年，创作了历史小说集《故事新编》中的大部分作品和大量的杂文。他领导、支持了"未名社""朝花社"等文学团体；主编了《国民新报副刊》〔乙种〕、《莽原》、《语丝》、《奔流》、《萌芽》、《译文》等文艺期刊；热忱关怀、积极培养青年作者；大量翻译外国进步文学作品和介绍国内外著名的绘画、木刻；搜集、研究、整理古典文学，编著《中国小说史略》《汉文学史纲要》，整理《嵇康集》，辑录《会稽郡故书杂录》《古小说钩沉》《唐宋传奇录》《小说旧闻钞》等等。1936年10月19日因肺结核病逝于上海。有《鲁迅全集》20卷1000余万字传世。

毛泽东曾这样评价鲁迅："鲁迅是中国文化革命的主将，是伟大的思想家和革命家。"

位于浙江省绍兴市东昌坊口的鲁迅祖居

文学 Literature 　　　　　鲁迅 Lu Xun

文学 Literature   鲁迅 Lu Xun

文学 Literature　　　鲁迅 Lu Xun

文学 Literature 鲁迅 Lu Xun

中国名人故居 | An Album of the Former Residences of Chinese Celebrities

文学 Literature　　　鲁迅 Lu Xun

文学 Literature 鲁迅 Lu Xun

位于浙江省绍兴市东昌坊口的鲁迅故居

文学 Literature　　　　鲁迅 Lu Xun

文学 Literature 鲁迅 Lu Xun

文学 Literature　　　鲁迅 Lu Xun

文学 Literature 鲁迅 Lu Xun

文学 Literature 鲁迅 Lu Xun

文学 Literature 鲁迅 Lu Xun

位于北京市西城区阜城门内宫门口二条的鲁迅故居

文学 Literature 鲁迅 Lu Xun

文学 Literature | 鲁迅 Lu Xun

文学 Literature　　　鲁迅 Lu Xun

文学 Literature   鲁迅 Lu Xun

文学 Literature 鲁迅 Lu Xun

文学 Literature 鲁迅 Lu Xun

位于广东省广州市白云路的鲁迅故居

位于上海市虹口区山阴路的鲁迅故居

位于福建省厦门市厦门大学内的鲁迅纪念馆

文学 Literature　　　　鲁迅 Lu Xun

位于上海市卢湾区淮海中路的鲁迅与夫人许广平故居

吕美荪
Lü Meisun

吕美荪（1882～1945），行名贤馝，后改名眉孙，眉生，又易名美荪，字清扬，号仲素，别署齐州女布衣。安徽旌德（今安徽省旌德县）人。近代女诗人。

吕美荪14岁失怙，居家事母。20岁后，至天津任北洋女子公学教习兼北洋高等女学堂总教习。之后，应其父同年挚友、东三省总督赵尔巽之邀，去奉天（今沈阳）任奉天女子学堂教务长，女子美术学校教员、名誉校长。30岁后曾在苏、皖、闽、沪等地的女子中学任教。1935年东游日本，旅居南京多年，晚年寄寓青岛。

著有《眉生诗稿词稿》（《吕氏三姐妹集》之一种）、《辽东小草》、《苑丽园诗》、《阳春白雪词》、《瀛州诗访记》和《勉丽随笔》等诗文。另为其父整理遗稿《静然杂著》，于1933年在青岛出版。

位于山东省青岛市鱼山路的吕美荪故居

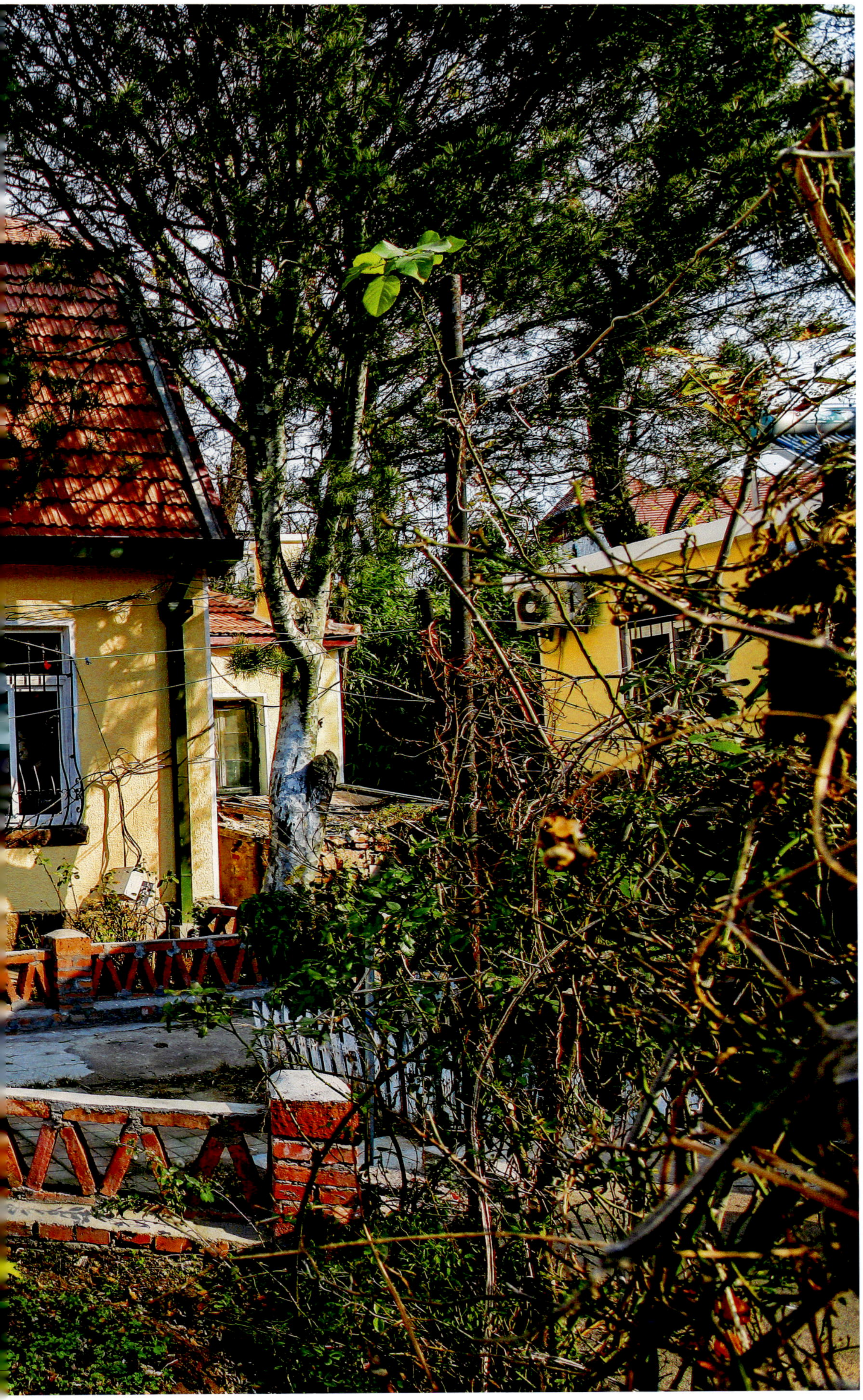

文学 Literature 吕美荪 Lü Meisun

苏曼殊
Su Manshu

苏曼殊（1884~1918），原名戬，字子谷，学名元瑛（亦作玄瑛），法名博经，法号曼殊，笔名印禅、苏湜。广东香山（今广东省珠海市）人。近代作家、诗人、翻译家。

苏曼殊生于日本横滨，父亲是广东茶商，母亲是日本人。这种特殊的身世使他早年即因家庭矛盾出家为僧。但是，民族的危难又使他不能忘情现实。光绪二十八年（1902），在日本东京加入留日学生组织的革命团体青年会。次年加入拒俄义勇队。同年归国，任教于苏州吴中公学。不久，到上海参加《国民日报》工作。光绪三十年（1904），南游暹罗、锡兰，学习梵文。三十三年（1907），在日本与幸德秋水等组织亚洲和亲会，公开打出"反抗帝国主义"的主旨。同年，和鲁迅等人筹办文学杂志《新生》，未成。宣统元年（1909），再度南游，任教于爪哇中华学堂。1918年5月2日，苏曼殊在上海病逝，年仅35岁。

苏曼殊一生能诗擅画，通晓日文、英文、梵文等多种文字，多才多艺，在诗歌、小说等多种领域皆取得了成就，后人将其著作编成《曼殊全集》（共5卷）。作为革新派的文学团体南社的重要成员，苏曼殊曾在《民报》《新青年》等刊物上投稿，他的诗风"清艳明秀"，别具一格，在当时影响甚大。

位于广东省珠海市前山镇沥溪村苏家巷的苏曼殊故居

文学 Literature　　苏曼殊 Su Manshu